ATLAS DER MEERJUNGFRAUEN

Laurence King Verlag GmbH
Jablonskistraße 27, 10405 Berlin
www.laurencekingverlag.de

Der Laurence King Verlag ist ein Imprint von
Hachette Children's Group
Carmelite House, 50 Victoria Embankment
London EC4Y 0DZ

Ein Unternehmen von Hachette UK
www.hachette.co.uk
www.hachettechildrens.co.uk

Development Editor: Leah Willey
Redaktionsleitung: Katherine Pitt
Gestaltung: Mariana Sameiro

Für die deutsche Ausgabe
Übersetzung: Lisa Heilig, Köln
Lektorat und Satz: Lesezeichen Verlagsdienste, Köln
Projektleitung: hauffe publishing, Dortmund

ISBN: 978-3-96244-115-9
3. Auflage 2022
Hergestellt in China von C&C Offset Printing Co. Ltd

Laurence King Publishing setzt sich für eine ethische und nachhaltige Produktion ein. Wir sind stolzes Mitglied des Book Chain Project ®.
Bookchainproject.com

BOOK CHAIN PROJECT

ATLAS DER MEERJUNGFRAUEN

WASSERWESEN AUS ALLER WELT

TEXT
ANNA CLAYBOURNE

ILLUSTRATIONEN
MIREN ASIAIN LORA

AUS DEM ENGLISCHEN VON
LISA HEILIG

LAURENCE KING VERLAG

INHALT

DIE WELT DER MEERJUNGFRAUEN

Auf der ganzen Welt, wo immer es Wasser gibt, existieren auch Legenden, Sagen und Berichte über Meerjungfrauen. Diese und andere mythische Wasserwesen faszinieren die Menschen schon seit Tausenden von Jahren, und fast jede Kultur kennt ihre eigenen Geschichten, Märchen und Sagen darüber. Menschenähnliche Meeresbewohner werden schon seit der Antike besungen und beschrieben; Aberglaube konkurriert mit Augenzeugenberichten. Allerdings sind Wasserwesen im Allgemeinen sehr scheu, bleiben oft im Verborgenen und sind daher schwer greifbar.

In diesem Buch lernst du Wasserwesen aus der ganzen Welt kennen. Viele halten sich in den sieben Weltmeeren auf, andere wiederum leben in Flüssen und Bächen, Seen, Teichen, Lagunen oder Wasserfällen.

Einige Wasserwesen sind betörend schön, mit langem Haar und schillernd beschuppten Fischschwänzen, viele sind hilfsbereit und wohlwollend. Aber es gibt auch andere, weniger freundlich gesinnte, gruselige, Angst einflößende Wasserfrauen – und natürlich auch ein paar Wassermänner!

WAS IST EINE MEERJUNGFRAU?

Eine Meerjungfrau ist typischerweise ein weibliches Wesen mit langem Haar und Fischschwanz. Doch gibt es auch andere Wasserwesen: Neben Wassermännern wird von zweischwänzigen Wesen berichtet, Fischmenschen mit Schwimmhänden und -füßen oder Wasserwesen, die halb Mensch und wahlweise halb Robbe, Oktopus oder Delfin sind. Manche Wasserwesen können sich zeitweilig auch wie Menschen an Land bewegen.

VORSICHT GEBOTEN!

Wasserwesen können Inseln beschützen, Seeleute retten, große Fischschwärme schicken oder vor Unwetter warnen. Und wenn man Glück hat, erfüllt ein Wasserwesen sogar Wünsche! Aber nicht jedes Meeresvolk ist wohlwollend, und manche Wesen sind sogar richtig gefährlich.

Wasserwesen sind magische Geschöpfe und oft sehr mächtig. Einige können das Wetter auf See beeinflussen, Schiffe zum Kentern bringen oder Menschen in ihre Unterwasserreiche entführen. Ein Wasserwesen kann durch seinen verführerischen Gesang Seeleute in ein Unterwassergrab locken oder jene, die ihren Unmut erregt haben, mit einem tödlichen Fluch belegen. Selbst gutherzige Meerjungfrauen können mitunter böse werden.

EUROPA

In Europa mit seinen vielen Kulturen und langen Küstenstreifen sind viele Sagen und Märchen über magische, zum Teil sehr berühmte Wasserwesen und -geister überliefert – vom eisigen Nordmeer, den Fjorden und Lochs im Norden über verzauberte Seen, magische Flüsse, rauschende Wasserfälle und geheimnisumwitterte Bergquellen in Mitteleuropa bis hin zum sonnigen Mittelmeer mit seinen unzähligen Inseln und verborgenen Grotten.

Manche Wasserwesen können nach Belieben Menschengestalt annehmen und sich unter das Landvolk mischen, bevor sie sich wieder in Fischwesen verwandeln. Einige schwimmen in Robbengestalt durchs Meer oder spielen auf der Geige. Die einen können recht gefährlich werden und unglückselige Menschen in ihre Unterwasserreiche locken, die anderen können Menschen retten – ganz wie es ihnen beliebt.

NORWEGEN
Der fiedelnde
FOSSEGRIM
…EMARK
Die weltberühmte
KLEINE MEER-
JUNGFRAU
DEUTSCHLAND
Auf einem Felsen
hoch über dem
Rhein sitzt die
LORELEY.
…st die Heimat der
…SINE, Frankreichs
…ühmter Wasserfee.
POLEN
Die SYRENKA
beschützt die
Stadt Warschau.
Hier wohnen die RUSALKEN – finstere Wassergeister.
RUSSLAND

FINFOLK

DAS MAGISCHE FLOSSENVOLK DER ORKNEYS

ORKNEY-INSELN

Rund um die Orkney-Inseln lebt das furchterregende magische Finfolk. Im Sommer lebt es auf Hildaland, einer geheimnisumwitterten Insel, die häufig in den Wellen versinkt. Im Winter zieht sich das Finfolk in sein sagenumwobenes Unterwasserreich Finfolkaheem zurück. Hier ist es niemals dunkel, denn es wird von Tausenden winzigen, glühenden Meereskreaturen erleuchtet und ist mit Silber und Perlen geschmückt. Das Finfolk hütet und melkt Wale, wie es die Bauern auf den Orkneys mit ihren Kühen tun.

Junge Finfrauen sehnen sich danach, einen Menschen zu heiraten, weil sie so für immer Wasserwesen bleiben können. Andernfalls altern sie und müssen an Land leben. Eine Geschichte erzählt von einer jungen Bewohnerin der Orkneys, Annie Norn, die eines Abends ans Meer ging, um Salzwasser zum Kochen zu holen, aber nie zurückkehrte. Die Dorfbewohner suchten sie überall – vergeblich, und so wurde gemutmaßt, sie müsse wohl vom Finfolk geholt worden sein.

Einige Jahre später geriet ein Schiff vor den Orkneys in einen schrecklichen Sturm, auf den dichter Nebel folgte. Die Seeleute hatten dabei völlig die Orientierung verloren. Dann aber sahen sie ein kleines Boot auf das Schiff zukommen, an dessen Rudern eine Frau saß. „Das ist eine Finfrau!“, rief einer der Matrosen. Aber ein anderer, Willie Norn, erkannte die Frau als seine Cousine Annie. Sie kam an Bord und dirigierte das Schiff sicher nach Hildaland.

Dort begegneten die Männer Annies Finfolk-Ehemann, der sie alle zu einem Fest einlud und ihnen ein Nachtlager anbot. Am nächsten Tag wartete ein anderer Finmann in seinem Boot auf sie, um sie zurück nach Hause zu lotsen. Willie fragte Annie, ob sie mitkommen wolle, aber sie verneinte. Sie hatte drei Kinder mit ihrem Finmann und wollte die Familie nicht verlassen.

DIE BLAUEN MÄNNER DES MINCH

THE MINCH, ÄUẞERE HEBRIDEN

The Minch ist eine stürmische Meerenge zwischen dem nördlichen schottischen Festland und den Äußeren Hebriden. Schiffe, die diese Straße passieren, laufen immer Gefahr, von einer Horde gnadenloser Wassermänner, den Blauen Männern des Minch, zum Kentern gebracht zu werden. Die Männer sind sehr stark, haben blaue Haut, grünes Haar und grüne Bärte und bewegen sich wie Delfine, wenn sie Schiffen hinterherjagen. Wenn sie nahe genug sind, ruft der Anführer die ersten zwei Zeilen eines Verses. Der Schiffskapitän muss umgehend mit zwei Zeilen antworten, die sich auf die ersten reimen, anderenfalls greifen die Blauen Männer an.

SELKIES

SCHOTTLAND, IRLAND, FÄRÖER, ISLAND

Die Geschichten rund um die Selkies, Robbenfrauen, sind im hohen Norden beheimatet. Selkies schwimmen als Robben im Meer, aber einmal im Jahr legen sie ihre Haut ab und nehmen menschliche Gestalt an. Manchmal verliebt sich eine Selkie in einen Menschen, heiratet und lebt mit ihm. Ihre Kinder können mit Schwimmhäuten zwischen Fingern oder Zehen geboren werden. Will der Ehemann einer Selkie dafür sorgen, dass sie immer an Land bleibt und ihre menschliche Gestalt behält, muss er ihre Robbenhaut verstecken. Eine Selkie sehnt sich aber immer nach dem Meer. Wenn sie ihre Robbenhaut doch findet, wird sie sie anlegen und sich in die Wellen werfen, um nie wieder gesehen zu werden.

DIE KLEINE MEERJUNGFRAU

DÄNEMARK

Diese Meerjungfrau aus dem gleichnamigen Märchen von H. C. Andersen erlangte weltweite Berühmtheit. Sie verliebt sich in einen Prinzen, den sie von einem sinkenden Schiff rettet und an Land bringt, der sich aber leider nicht an sie erinnert. Begierig, bei ihm zu sein, bittet sie die Seehexe, ihr im Tausch gegen ihre Stimme einen Trank zu geben, durch den sich ihre Flosse in zwei Beine verwandelt. Der Prinz entscheidet sich aber für eine andere, und die Meerjungfrau wird zu Meerschaum. Die Statue der Kleinen Meerjungfrau in Kopenhagen gehört zu den größten Touristenattraktionen der Stadt.

DIE MEERJUNGFRAU VON ZENNOR

CORNWALL, ENGLAND

In der Dorfkirche von Zennor steht ein alter geschnitzter Stuhl, auf dem ein Fisch und eine Meerjungfrau dargestellt sind. Der Legende nach verliebte sich die Meerjungfrau Morveren in den jungen Mathew Trewella, nachdem sie seinen wunderschönen Gesang in der Kirche gehört hat. In Gestalt einer Frau kommt die Meerjungfrau in die Kirche und schenkt Mathew ihr Lächeln. Er verliebt sich ebenfalls und folgt ihr ins Meer, um ihr Mann zu werden. In lauen Sommernächten soll man ihn noch immer singen hören.

LAMIA

BASKENLAND, SPANIEN

Im nordspanischen Baskenland ist die Lamia beheimatet, ein Wassergeist, der an Quellen und Bächen im Wald lebt. Sie hat eine weibliche Gestalt, wenngleich mit Entenfüßen. Wie viele Wasserwesen kann eine Lamia, ihre Entenfüße unter einem langen Gewand verbergend, junge Männer mit ihrer Schönheit betören. Wenn ein Hirte spurlos in den Wäldern verschwindet, sagt man, eine Lamia habe ihn geraubt. Aber eine Lamia kann auch helfen: Wenn ein Bauer ihr eine Gabe bringt, etwa Brot und Käse, kann es sein, dass sie über Nacht seine Arbeit zu Ende führt, sei es pflügen oder der Bau einer Brücke über ihren Fluss.

SYRENKA

WARSCHAU, POLEN

Die Flussjungfrau Syrenka hat einen hohen Symbolwert für die polnische Hauptstadt und ist Bestandteil des Stadtwappens. Vor Jahrhunderten mussten Fischer an der Vistula, die durch Warschau fließt, immer wieder feststellen, dass jemand ihre Netze eingezogen hatte, um die Fische zu befreien. Sie wollten den Verantwortlichen fassen, aber als sie sahen, dass es eine rätselhafte singende Seejungfer war, vergaben sie ihr. Nur ein Fischer war weniger nachsichtig und lockte sie in einen Schuppen, wo sie ohne Wasser zu sterben drohte. Die anderen Fischer retteten sie und ließen sie frei. Zum Dank versprach Syrenka, die Stadt Warschau immer zu beschützen.

FOSSEGRIM

NORWEGEN

Diese ungewöhnliche Kreatur ist kein echter Wassermann, da er keinen Fischschwanz, sondern zwei Beine hat. Er ist eher eine Art Wassergeist oder Troll, der in Wasserfällen und Bergbächen wohnt, im Wasser sitzt und – unterstützt durch das schnell fließende Wasser und den pfeifenden Wind – meisterhaft die Geige spielt. Manchmal werden Menschen durch seine bezaubernde Musik in gefährliche Gewässer gelockt. Wer ihm aber etwas Essbares gibt, wird vielleicht von ihm das Geigenspiel erlernen.

LORELEY

DEUTSCHLAND

Die Loreley ist ein hoher Schieferfelsen am Rhein bei St. Goarshausen. Nach einer der Überlieferungen bedeutet der Name „summender Felsen", was sich durch das Geräusch des Wassers entlang der Felsenriffe und das Rauschen eines nahen Wasserfalls erklärt. Möglich ist aber auch die Herleitung vom mittelhochdeutschen „lur" (Elfe). Einer Sage zufolge saß eine Jungfrau namens Loreley hoch oben auf dem Felsen und wartete sehnsüchtig auf ihren Liebsten. Doch dieser betrog sie und kam nicht wieder. Aus Rache bezirzte die Loreley fortan Rheinschiffer mit ihrem betörenden Gesang, sodass ihre Schiffe am Felsen zerschellten.

RUSALKA

OSTEUROPA UND EUROPÄISCHER TEIL RUSSLANDS

Es gibt auch unheimliche Wasserwesen, und die gruseligen Rusalken gehören dazu! Es sind eher unfreundliche Nixen mit grünlicher Haut und ebensolchem Haar, die am Grund von Flüssen, Seen und Teichen leben und nur bei Nacht erscheinen. Manche halten sie für böse Wassergeister oder Gespenster, die es auf junge Männer abgesehen haben, um deren Füße sie ihr Haar schlingen und sie derart gefesselt unter Wasser ziehen.

MELUSINE

DIE SAGE DER GEHEIMNIS-VOLLEN WASSERFEE

FRANKREICH

Die Wasserfee Melusine mit ihrem langen Fischschwanz ist halb Fabelgestalt, halb Mensch: Tochter eines Wasserwesens und eines menschlichen Königs. Als Gestaltwandlerin kann sie sich dauerhaft ein rein menschliches Äußeres geben – außer an Samstagen, da verwandelt sie sich in ihre wahre Wasserfeengestalt.

Die Mythologie erzählt von Graf Raymond von Poitou, der bei der Jagd Melusine an einer Waldquelle, ihrem Zuhause, sitzend beobachtet. Er ist von ihrer überirdischen Schönheit überwältigt und verliebt sich sofort in sie. Melusine willigt ein, seine Frau zu werden, nimmt Raymond aber ein Versprechen ab: „Du darfst mich nie an einem Samstag ansehen." Raymond stimmt zu, und die beiden feiern eine prächtige Hochzeit.

Raymonds Ländereien sind arm, aber nach der Hochzeit mit Melusine ändert sich alles. Sie regiert an seiner Seite mit Freundlichkeit, Weisheit und ihrem eigenen, geheimen Zauber.

In der Landwirtschaft gedeihen Feldfrüchte und Vieh, und die Menschen werden wohlhabend. Melusine lässt ganze Städte und Paläste bauen sowie ein Schloss für sich und ihren Gatten.

Sie schenkt Raymond drei Söhne, bei denen mitunter Schwimmhäute zu erkennen

sind, wovon aber niemand besondere Notiz nimmt. Jeden Samstag zieht sich Melusine in ihre Kammer zurück, während sie ihre wahre Gestalt als Wasserwesen annimmt. Um neue Kraft zu schöpfen, verbringt sie den Tag in einer Badewanne, aus der ihr langer Schwanz hervorlugt.

Viele Jahre hält sich Raymond an sein Versprechen, doch seine Neugier wächst. Trifft seine Frau einen anderen oder schmiedet Ränke gegen ihn? Eines Samstags klettert er zu ihrem Fenster und späht hinein.

Der Graf ist entsetzt vom Anblick eines glänzenden, schuppigen Fischschwanzes und verschwindet schnell wieder, bevor sie ihn bemerkt. Später gerät er in einen Streit mit seiner Frau und nennt Melusine verärgert eine Schlange. Entsetzt wird ihr klar, dass er sie mit ihrem Fischschwanz gesehen hat.

Sofort nimmt Melusine ihre Wasserfeengestalt an, und es wachsen ihr kräftige Flügel. Sie steigt in die Luft und ruft Raymond dabei zu, dass sie nun, da er um ihr Geheimnis wisse, ihn für immer verlassen müsse. Man munkelt, dass ihr Weinen und Klagen an der Waldquelle noch immer zu hören sind, da sie um ihren Mann und ihre Söhne trauert.

IM REICH DER MEERJUNGFRAUEN

Wasserwesen entdeckt man vermutlich nur, wenn sie an der Oberfläche schwimmen oder am Ufer sitzen. Wenn wir sie nicht sehen – also fast immer –, halten sie sich in ihren verborgenen Reichen auf. Das können prächtige Paläste am Grund des Meeres, eine Wasserhöhle, ein geheimer Teich oder auch ein gesunkenes Schiff sein.

UNTERWASSERPALAST

Die glücklichsten Wasserwesen wohnen in ihrem eigenen prächtigen Palast auf dem Grund des Meeres. Triton etwa, ein Wassermann aus der griechischen Mythologie, lebt als Sohn des Meeresgottes Poseidon und Amphitrite in einem Schloss aus Gold, Korallen und Edelsteinen. Hier halten die Meeresgötter auch ihre Hippocampi: halb Pferd, halb Fisch.

HÖHLEN

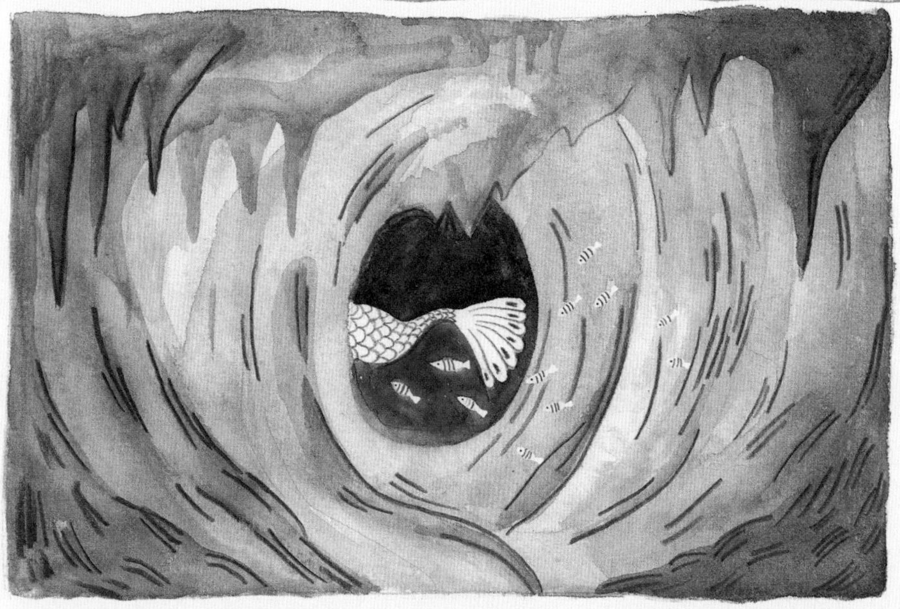

Eine Unterwasserhöhle ist, wenn auch etwas bescheidener als ein Unterwasserpalast, ein perfektes Versteck für ein Wasserwesen. Morveren, die Meerjungfrau von Zennor (siehe Seite 12), lebt der Sage nach in einer Höhle im Meer vor Cornwall. Eines Tages lässt ein Schiff seinen Anker vor Morverens Höhle ins Wasser. Die Meerjungfrau taucht neben dem Schiff auf und bittet den Kapitän, den Anker wieder zu lichten, da er den Zugang zu ihrem Reich versperrt und ihre Familie darin gefangen hält.

WASSERBECKEN

Überall auf der Welt gibt es Becken und Teiche, die der Sage nach Wasserwesen beherbergen. Es können Felsbecken am Meer, tiefe Flussbecken oder auch kleinere Seen oder Teiche sein, wie der Mermaid's Pool in den Bergen im englischen Derbyshire, dessen Wasser – obwohl weit entfernt von der Küste – salzig ist. Vielleicht ist er deshalb eine so gute Heimstatt für die Meerjungfrauen, die darin leben und höchstens am Ostersonntag bei Sonnenaufgang zu sehen sein sollen.

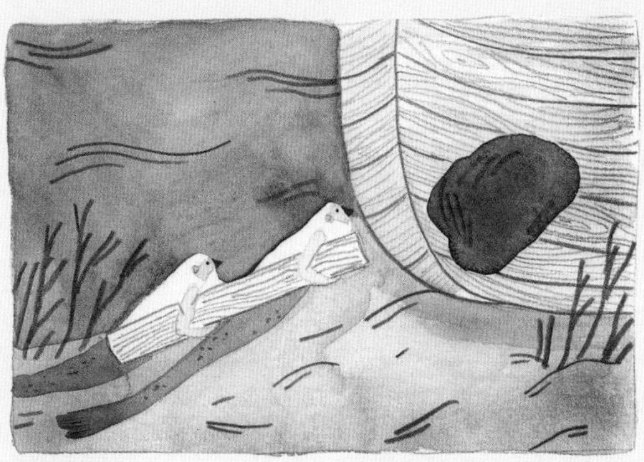

UNTERWASSERBEHAUSUNGEN

In russischen Seen, Flüssen und Mühlbächen hausen die gemeinen, widerwärtigen Wodjanoi. Diese Wasserkreaturen sehen aus wie grummelige alte Männer mit langem Haar und Bärten, froschartigen Augen und schleim- und algenüberzogenen, schuppigen schwarzen Fischschwänzen. Auf dem Grund des Wassers bauen sich die Wodjanoi Behausungen aus alten Baumstämmen oder gesunkenen Booten. Wer ihrer Behausung zu nahe kommt, wird hinabgezogen und fortan als Sklave gehalten.

AFRIKA

Afrika ist ein riesiger Kontinent, der von Ozeanen und unzähligen Inseln umgeben ist. Die Landfläche ist gekennzeichnet von ausgedehnten Savannen, Wüsten und Urwäldern. Doch auch hier gibt es viel Wasser – von den mächtigen Strömen wie dem Nil und dem Kongo über riesige Seen und donnernde Wasserfälle bis hin zu Wasserhöhlen und Sumpfgebieten. Es gibt also ausreichend Orte, an denen sich Wasserwesen aufhalten und verstecken können.

In den zahlreichen Ländern, Kulturen, Völkern und Sprachgemeinschaften findet man allerhand Geschichten und Berichte über unterschiedliche Arten von Wasserwesen – von freundlich gesinnten Meerjungfrauen bis hin zu angsteinflößenden Wasserhexen. Sogar in der Wüste erzählt man sich von Fabelwesen in Gewässern!

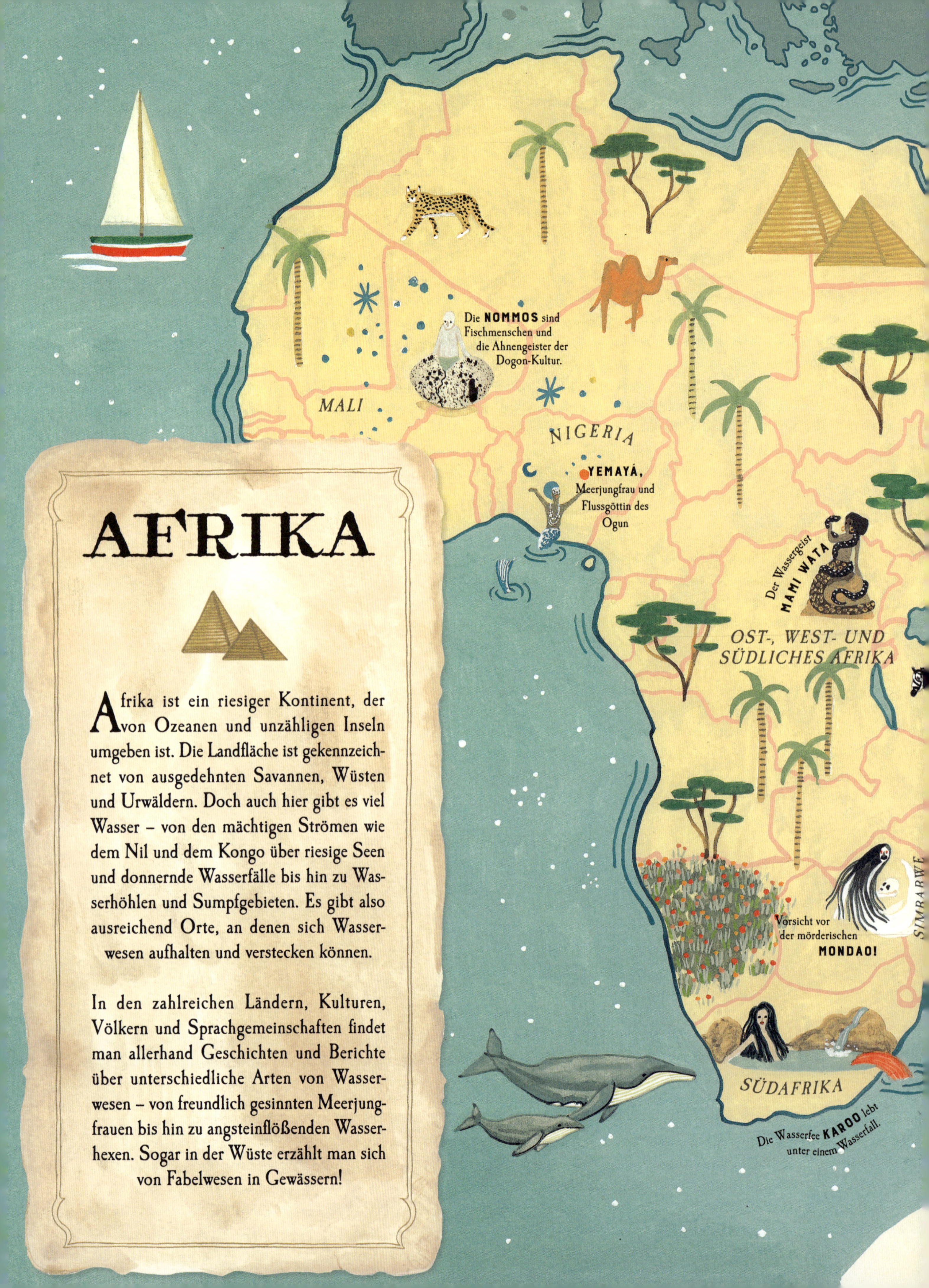

YEMAYÁ

NIGERIA

In der Yoruba-Kultur in Nigeria ist die Flussgöttin Yemayá (auch Yemoya) die bedeutendste Göttin. Häufig wird sie als Meerjungfrau dargestellt. Ihr Name bedeutet „Mutter der Fische", und sie ist die Mutter der Sonne, des Mondes, des Wassers und allen Lebens. Ihre Heimat ist der Fluss Ogun, sie kann sich aber auch in anderen Flüssen, in Seen oder Meeren aufhalten. Überall beschützt sie und sorgt für alle Frauen und Kinder. Yemayás Farbe ist Blau, und ihre Zahl ist die Sieben. Sie ist immer in den Farben des Wassers – Blau, Silber und Türkis – gewandet.

KAROO-WASSERFEE

KAROO-HALBWÜSTE, SÜDAFRIKA

Die Karoo ist heute eine Halbwüste, aber vor vielen Tausend Jahren lag die Region unterhalb des Meeresspiegels, weshalb man dort heute Fossilien von Fischen und Muscheln finden kann. In den Bergen entspringen einige Flüsse, und in der Lagune eines Wasserfalls ist der Legende nach die Heimat der Wasserfee Karoo. Menschen, die sie gesehen haben wollen, beschreiben sie als hellhäutig mit leuchtend blauen Augen. Wenn sie guter Dinge ist, lächelt sie. Aber wenn sie verärgert ist, kann sie Starkregen und todbringende Überschwemmungen heraufbeschwören. Wer es wagt, in ihrem See zu baden, dem wird sie die Kleidung rauben.

MAMI WATA

OST-, WEST- UND SÜDLICHES AFRIKA

In weiten Teilen Afrikas trifft man in Meeren, Seen und Flüssen auf den weiblichen Wassergeist Mami Wata. Dargestellt wird sie als schillernde Meerjungfrau mit Fisch- oder Schlangenschwanz, in Ostafrika, wo sie Mamba Muntu genannt wird, auch mit einem Krokodilschwanz. Begleitet wird sie von einer Schlange, die sich um sie herumwindet. Mami Wata ist eigentlich gutmütig. Doch wird sie manchmal auch für Wasserfluten verantwortlich gemacht, und kleinen Kindern wird eingetrichtert, sich von tiefen Wasserstellen fernzuhalten, damit Mami Wata sie nicht holen kann. Mami Wata ist ein kleines Luxusgeschöpf, das man milde stimmen kann, wenn man ihm kleine Geschenke wie Schmuck, Make-up, Parfüm oder Speisen darbringt.

DIE MENSCHENFRESSENDEN MONDAO

SIMBABWE

Einer Mondao möchte man nicht begegnen! Diese gefürchteten Wasserwesen aus Simbabwe haben lange schwarze Haare, blasse Haut und scharfe Zähne. Viele Menschen fürchten sie und wagen sich erst zum Wasserholen an einen Fluss, wenn sie der Mondao eine Opfergabe gebracht oder ein Gebet an sie gerichtet haben. Von tiefen Wasserstellen sollte man sich besser fernhalten, da die Mondao alle Menschen, die sie erblicken, unter Wasser zieht, ertränkt und dann auffrisst!

NOMMOS

MYSTERIÖSE WASSERWESEN AUS DEM ALL

MALI

Der Stamm der Dogon in Mali kennt viele Geschichten über die Nommos, die Ahnengeister ihres Volkes, die als Mischwesen mit Fischkörpern und -schwänzen, menschlichen Köpfen, Armen und Beinen beschrieben werden.

Den Dogon-Legenden zufolge begann alles mit einem kosmischen Ei. Darin befanden sich Amma, der Himmels- und Schöpfergott, und mit ihm die Saat des Universums und allem, was sich darin befindet. Aus dieser Saat erschuf Amma Himmel, Erde und die ersten Wesen, ebenjene amphibienartigen Nommos.

Die Nommos kamen in einem bootsförmigen Korb auf die Erde, der an Ketten hing und von Feuer und Donner begleitet wurde. Als fischähnliche Wesen benötigen Nommos Wasser zum Leben. Also erschufen sie das erste Wasser, tauchten darin ein und ließen auch die Menschen davon trinken. (Der Name „Nommo" bedeutet „ jemanden trinken lassen".) Sie unterrichteten die Menschen auch über Himmel und Weltraum und wurden die Beschützer des Dogon-Volks.

ANTIKE WASSERWESEN

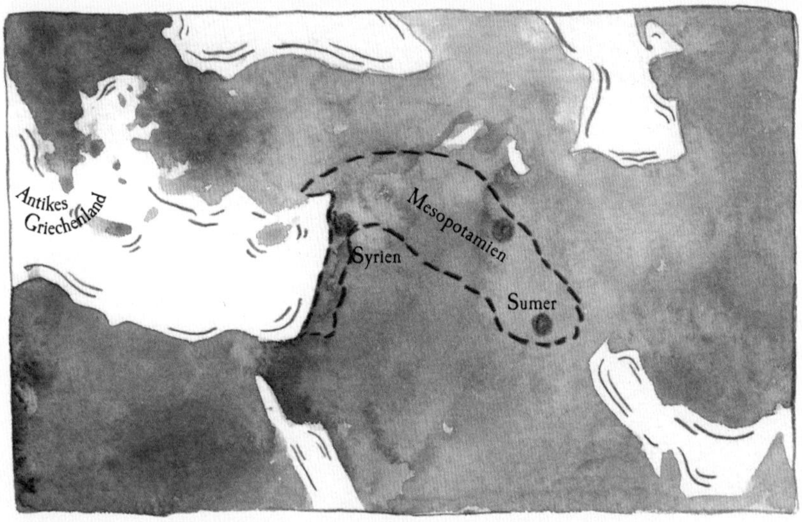

Woher kommen Wasserwesen, und wann tauchten sie zum ersten Mal auf? Um einige von ihnen kennenzulernen, müssen wir ein paar Tausend Jahre in die Vergangenheit reisen.

MESOPOTAMISCHE WASSERMÄNNER

Die Sumerer lebten vor über 4000 Jahren in Mesopotamien. Ihr Süßwassergott Enki wurde häufig als Mischwesen – halb Mensch, halb Fisch – dargestellt.

Auch die Assyrer kannten Wasserwesen, denn einige antike Darstellungen zeigen Seeleute in einem Boot, in dessen Nähe ein Wassermann schwimmt.

ATARGATIS

Im antiken Syrien verliebte sich vor vielleicht 3000 Jahren Atargatis, die Göttin des Mondes und des Wassers, in einen jungen Schäfer. Als er starb, stürzte Atargatis sich ins Meer, wurde aber von einem Fisch davongetragen und so vor dem Ertrinken gerettet. Daraufhin wuchsen ihr ein Fischschwanz und Flossen.

ANTIKES GRIECHENLAND

Auch in der griechischen Mythologie findet sich viel Meeresvolk.

NEREIDEN

Die Nereïden, die 50 bis 100 Töchter des Nereus – manchmal mit Beinen, aber auch mit Fischschwänzen dargestellt –, sind freundliche und hilfsbereite Nymphen, die durch die Meere schwimmen, Schiffbrüchige retten und die Lebewesen der Meere bändigen.

TRITON

Der Sohn des Meeresgottes Poseidon wurde mit Fischschwanz und -flossen geboren und wird als „meeresfarben" beschrieben. Wenn er in sein Muschelhorn bläst, werden die Wellen entweder besänftigt oder aufgepeitscht.

GLAUKOS

Eines Tages entdeckte der Fischer Glaukos ein Zauberkraut, das Fische wieder zum Leben erwecken konnte. Als er es selbst ausprobierte, erhielt er ewiges Leben, wurde aber gleichzeitig in einen Meeresgott verwandelt. Seitdem lebt Glaukos im Meer und rettet in Seenot geratene Fischer.

SIRENEN

In einigen Regionen der Welt werden Meerjungfrauen auch als „Sirenen" bezeichnet, in Anlehnung an die Mischwesen aus der griechischen Mythologie: gefährliche Kreaturen, die auf einer verwunschenen Insel lebten. Mit ihrem wunderschönen, betörenden Gesang lockten sie vorbeifahrende Seeleute an, deren Schiffe dann an der Felsküste der Insel zerschellten. Deshalb war die Küste mit den Knochen toter Seeleute übersät.

Jedenfalls waren die antiken Sirenen keine Fischmischwesen. Vielmehr waren sie halb Frau, halb Vogel und flogen durch die Lüfte. Erst viel später kam es zur Verwischung und Gleichsetzung der Begriffe „Sirene" und „Meerjungfrau".

ASIEN

Der größte Kontinent der Erde erstreckt sich von der arabischen Halbinsel im Westen über Russland und Indien, Thailand und die vielen Inseln Indonesiens und der Philippinen im Südosten bis hin nach China, Japan und Korea im Fernen Osten.

Der riesige Kontinent wartet mit unzähligen Inseln, endlosen Stränden und zerklüfteten Küsten, gewaltigen Strömen und den tiefsten, größten Seen der Erde auf, und viele asiatische Länder und Kulturen blicken auf eine jahrtausendealte Geschichte zurück. Die Folklore ist reich an Sagen und Legenden über magische, mythische Wesen wie Drachen, vielköpfige Schlangen, Riesenvögel, Fledermäuse und allerlei Mischwesen. Deshalb verwundert es kaum, dass auch hier viele Wasserwesen bekannt sind.

Wie in anderen Regionen der Welt sind auch asiatische Wasserwesen sonderliche Kreaturen, die entweder freundlich und hilfsbereit oder finster und unheimlich sein können. Man sollte sich also gut überlegen, wo man schwimmen geht, und sogar, was man isst, denn das Meervolk Asiens hat zuweilen recht ungewöhnliche und unheimliche Kräfte.

CHINA
INDIEN
KOREA
JAPAN
Hier weben die JIAOREN ihre magischen Stoffe.
Der Wassergeist SINJIKE beschützt die koreanische Insel Geomundo.
Eine japanische NINGYO sollte nicht auf dem Speiseplan stehen.
MATSYA, der Wassergeist der Hindu-Gottheit Vishnu
PHILIPPINEN
SIYOKOY UND SIRENA, die erbarmungslosen Wasserwesen der Philippinen
JAVA
Die javanische Meeresgöttin NYAI RORO KIDUL verlangt größten Respekt, sonst wird sie übellaunig!

LOBASTA

TÜRKEI UND ZENTRALASIEN

In der Türkei und Zentralasien sollte man in Wäldern vor allem im Dunkeln vorsichtig sein, denn in den Waldbächen und -quellen wohnt die Lobasta, eine angsteinflößende, böse Nixe. Sie erscheint in der Regel als alte, hässliche Frau mit gräulicher Haut und langem weißem oder gelbem Haar. Nachts wird die Lobasta sehr gefährlich, wenn sie ihre Gewässer verlässt und jeden angreift, auf den sie trifft. Manchmal ist auch ihr hämisches Gelächter zu hören, mit dem sie der Legende nach Unwetter und tödliche Katastrophen heraufbeschwören kann.

MATSYA

INDIEN

In der hinduistischen Tradition Indiens kann sich der Gott Vishnu den Menschen in vielerlei Gestalt zeigen, und eine davon ist Matsya: ein riesiger, aber freundlich gesinnter Wassermann. Als eine Sturmflut die Erde bedroht, erscheint Matsya dem Ersten Menschen Manu und weist ihn an, ein Boot zu bauen, um sich und seine Familie vor den Fluten zu retten. Als Manu mit seiner Familie im Boot sitzt, wird es von Matsya an einen sicheren Ort gezogen.

SINJIKE

KOREA

Die koreanische Inselgruppe Geomundo hat ihre eigene beschützende Meerjungfrau: Sinjike. Den alten Sagen zufolge war sie einst die Königin einer japanischen Insel. Sie verliebte sich in einen chinesischen Entdecker und begleitete ihn auf seinen Reisen. Schließlich kamen die beiden auch nach Geomundo, wo Sinjike in ein Wasserwesen verwandelt wurde. In mondklaren Nächten kann man die hellhäutige, schwarzhaarige Sinjike auf einem Riff im Meer sitzen sehen, wo sie singt und Steine ins Meer wirft. Damit will sie die Menschen vor einem nahenden Sturm warnen.

JIAOR
JIAOREN

FREUNDLICHE, WEBENDE MEERJUNGFRAUEN

CHINA

Viele Wasserwesen sind freundlich und hilfsbereit, aber nur wenige sind so warmherzig und handwerklich so geschickt wie die Jiaoren. Diese chinesischen Meerjungfrauen leben im Ozean, können aber auch Flüsse hinaufschwimmen und an Land leben. Sie sind berühmt für ihre Webkünste und fertigen wunderschöne Seidenstoffe aus Drachengarn. Der Stoff ist erstaunlich leicht und weich, schimmert weißgolden und wird nie nass. Manchmal nehmen die Jiaoren Menschengestalt an und kommen an Land, um als geschickte Händlerinnen ihre Drachenseide auf Märkten zu verkaufen.

Einer Überlieferung zufolge kam eine von ihnen an Land, um eine Weile bei einer Menschenfamilie zu leben, Stoffe zu weben und sie zu verkaufen. Die freundliche, liebenswerte Wasserkreatur knüpfte enge Bande mit ihren Gastgebern. Als die Zeit des Abschieds kam, weinte sie viele Tränen in ein Glas. Diese verwandelten sich in prächtige, glänzende Perlen. Die Jiaoren überreichte sie der Familie als Abschiedsgeschenk.

Auch sagt man, dass man durch ein Perlengeschenk einer Jiaoren die Fähigkeit erlangt, unter Wasser zu atmen, um die befreundeten Jiaoren im Meer zu besuchen.

NINGYO

HÄSSLICHE FISCHMENSCHEN MIT ZAUBERKRÄFTEN

JAPAN

Wer je in der japanischen See fischen geht, sollte nie eine Ningyo fangen. Falls doch, muss man sie sofort wieder ins Wasser werfen. Ningyo bedeutet „menschlicher Fisch“, ist aber alles andere als eine liebliche Meerjungfrau, denn auf einem Fischkörper sitzt ein hässlicher, grotesker menschlicher Kopf mit Affenmaul und scharfen Fischzähnen. Ningyos können nicht sprechen, sondern geben sonderbare flötenartige Pfeifgeräusche von sich.

Ningyos sind eigentlich harmlos. Wenn man ihr überaus wohlschmeckendes Fleisch zubereitet, passiert Erstaunliches: Man bleibt Hunderte von Jahren jung und schön. Das Ganze hat aber auch seinen Preis: Es kommt zu großem Unglück, bringt Stürme, Fluten, Erdbeben und tödliche Tsunamis. Deshalb wurde in Japan noch nie eine Ningyo gefangen – bis auf einmal:

Nach einer alten Überlieferung fing ein Fischer, der von den Ningyos nichts wusste, einen sonderbaren Fisch in seinem Netz und lud die anderen Fischer ein, diesen zu verspeisen. Einer der Gäste sah in der Küche den Kopf der Ningyo mit dem hässlichen Gesicht liegen. Um den Gastgeber nicht zu brüskieren, warnte er die anderen heimlich, davon zu essen. So wickelten alle den Fisch in Papier ein und versteckten ihn in den Taschen, um ihn auf dem Heimweg wieder ins Meer zu werfen.

Ein Gast vergaß das, und zu Hause fand seine Tochter den Fisch und aß ihn. Der Mann war beunruhigt, aber da nichts passierte, vergaß er den Vorfall. Seine Tochter wuchs heran und heiratete. Doch während ihr Ehemann immer älter wurde und starb, blieb sie jung. Sie heiratete immer wieder und überlebte jeden Ehemann. Schließlich vereinsamte sie und starb im Alter von 800 Jahren.

SIYOKOY UND SIRENA

PHILIPPINEN

Das Meer um die zahlreichen philippinischen Inseln sowie seine Bewohner werden von einem todbringenden Meeresvolk beschützt. Der fürchterliche Siyokoy ist von Kopf bis zu den Zehen schuppig und grün, hat Flossen, Schwimmhäute und Kiemen wie ein Fisch. Anstelle eines Fischschwanzes sind ihm häufig Tentakel gewachsen. Er bewacht streng das Meer, bringt jedes Boot zum Kentern, das das Meer oder seine Bewohner bedroht, und isst alle Menschen, die er fangen kann. Das weibliche Pendant zum Siyokoy ist die Sirena, eine Wassernixe mit langem Haar, die mit ihrem wunderschönen Gesang Seeleute betört und sie magisch anzieht, sodass sie manchmal aus ihren Booten ins Meer springen, wo sie von der Sirena ergriffen und in die Tiefe gezogen werden.

NYAI RORO KIDUL

JAVA, INDONESIEN

Die indonesische Insel Java ist die Heimat einer sehr mächtigen Wasserkreatur: der Nyai Roro Kidul, der Göttin des Südmeeres. Der Legende nach war sie eine Prinzessin, die aus ihrer Heimat verbannt wurde, nachdem eine Hexe sie verflucht hatte. Verzweifelt stürzte sie sich ins Meer. Die Wellen aber befreiten sie von ihrem Fluch und verwandelten sie in eine Meereskönigin. Seither herrscht Nyai Roro Kidul über die Wellen und das Wetter auf See, beschwört Stürme und sogar Tsunamis herauf. Die Menschen auf Java verehren sie und bringen ihr Gaben in Form von Speisen, Kleidung und Kosmetik. Geht man in Java im Meer schwimmen, so sollte man kein Grün tragen, denn es ist die von Nyai Roro Kidul bevorzugte Farbe, und sie schätzt es nicht, wenn andere sich so kleiden wie sie selbst.

MAGISCHE KRÄFTE

Anders als irdische Hexen und Zauberer lernen Wasserwesen keine Zaubersprüche auswendig und rühren keine Zaubertränke an. Dennoch haben Wasserwesen magische Kräfte, ob es nun darum geht, einen Sturm heraufzubeschwören, Wünsche zu erfüllen oder einen tödlichen Fluch auszusprechen. Mit etwas Glück überträgt ein Wasserwesen die magischen Kräfte auf einen selbst.

BETÖRENDE KLÄNGE

Mit ihrem betörenden Gesang können Meerjungfrauen Menschen verzaubern. Insbesondere Seeleute werden dadurch in eine tödliche Falle gelockt, etwa von der Loreley (siehe Seite 13). Andere Meerjungfrauen wie die koreanische Sinjike (siehe Seite 26) warnen mit ihrem Gesang Seeleute vor einem aufkommenden Sturm.

Nicht alle Wasserwesen singen. Einige spielen auch Instrumente. Wenn der griechische Meeresgott Triton in sein Muschelhorn bläst, werden die Wellen beruhigt oder Seeungeheuer vertrieben. Der schwedische Neck lockt Menschen mit Harfenklängen ins Wasser.

WAHRSAGERINNEN

Für alle Seeleute und Fischer ist der Anblick eines Wasserwesens ein böses Omen. In der alten norwegischen Schriftensammlung „Königsspiegel“ wird beschrieben, wie Wasserwesen unsere Zukunft bestimmen können:

Wenn die Meerfrau Fisch verspeist, wird zwar ein Sturm aufziehen, aber das Schiff erreicht sicher den Hafen.

Wenn die Wasserfrau einen Fisch auf ein Schiff wirft, wird das Schiff kentern, und die Seeleute werden alle sterben.

VERWANDLUNGSKUNST

Bist du je einer Meerjungfrau begegnet? Das lässt sich schwer sagen, weil viele Wasserwesen Gestaltwandler sind, um ihre wahre Natur zu verbergen.

Die philippinische Sirena (siehe Seite 29) beispielsweise kann sich angeblich in einen Menschen verwandeln, um an Feierlichkeiten an Land teilzuhaben. Einzig ihr schwacher Geruch nach Meer ist verräterisch.

Der finnische Wassermann Vetehinen (oder Näkki) ist der Meister der Verwandlungskünstler. In einem einzigen Augenblick kann er sich von einem graubärtigen Alten mit Fischschwanz in einen normalen Fisch, einen Hund, ein Pferd oder sogar eine Frau verwandeln.

DIE MACHT ÜBER DIE WELLEN

Was Wasserwesen wirklich auszeichnet, ist die magische Fähigkeit, Seegang, Wetter und die wildesten Wasserlebewesen zu beherrschen. Sie können ihre Macht einsetzen, um Menschen zu helfen, indem sie ihnen passendes Wetter oder große Fischschwärme schicken. Wer das Meeresvolk aber verärgert, muss mit Orkanen, kenternden Schiffen und überfluteten Städten rechnen.

1584 beispielsweise wurde Saeftinghe (Niederlande) überflutet und von den Wellen weggespült. Der Legende nach fing ein Fischer aus dem Ort eine Meerjungfrau, die er nicht mehr freilassen wollte. Der Gefährte der Meerjungfrau war darüber so zornig, dass er Saeftinghe verfluchte und eine zerstörerische Sturmflut schickte. Bis heute ist von Saeftinghe nur ein Salzwiesengebiet übrig geblieben, das als „versunkenes Land von Saeftinghe" bekannt ist.

Hier lebt angeblich die schreckliche,
gefährliche JI-MERDIWA.
PAPUA-
NEUGUINEA
YAWKYAWKS haben grünes Haar aus Algen.
AUSTRALIEN

OZEANIEN

Wenn eine Region der Welt das ideale Zuhause für Meerjungfrauen & Co. ist, muss es Ozeanien sein. Zu dieser Region gehören neben den Inselnationen Australien und Neuseeland noch Tausende kleiner, paradiesisch schöner Südseeinseln. Länder wie Fidschi, Vanuatu oder die Cookinseln bestehen aus Inseln und Archipelen mit Korallenriffen, Atollen und weißen Sandstränden: perfekt für Meerjungfrauen.

Die Menschen hier leben mit und vom Meer; sie schwimmen, fischen und reisen zwischen den Inseln. Auch heute noch berichten viele von Meerjungfrauen-Sichtungen.

YAWKYAWK

NÖRDLICHES AUSTRALIEN

In der Kinwinjku-Kultur im Northern Territory (Australien) wohnen die Yawkyawks in Flüssen, Teichen und Billabongs (Seen, die außerhalb der Regenzeit trockenfallen). Sie beschützen Quellen und bringen den für diese heiße, trockene Gegend so wichtigen Regen. Yawkyawks haben strähniges, langes Haar aus grünen Algen. Wenn man also an der Wasseroberfläche treibende Algen sieht, können es durchaus die Haare einer Yawkyawk sein. Die Wassergeister können ihre Gestalt verändern und erscheinen manchmal als Libellen – ein Zeichen, dass sich die Regensaison dem Ende zuneigt. Angeblich halten Yawkyawks Barramundis (Fische) als Haustiere.

DAKUWAQA

FIDSCHI

Auf den Fidschi-Inseln gilt Dakuwaqa – halb Mensch, halb Hai – als mächtiger Meeresgott, der die See bewacht und die Fischer schützt. Einer Legende zufolge gefiel sich Dakuwaqa in der Rolle als König der Meere und entschied, die Insel Kadavu zu erobern, die von der Tintenfischgöttin Rokobakaniceva bewacht wurde. Es kam zum Kampf, bei dem die Tintenfischgöttin Dakuwaqa ergriff und ihn so würgte, dass er kaum noch atmen konnte. Er flehte um Gnade und versprach, dass er im Tausch gegen seine Freiheit ihre Insel beschützen werde, und versicherte, dass die Bewohner der Insel nie wieder von Haien angegriffen würden.

JI-MERDIWA

NÖRDLICHES AUSTRALIEN

Diese mysteriösen, hässlichen, bösartigen Seewesen sind Gestaltwandler. Sie bewachen Meer und Küste und senden jedem Krankheit und Leid, der nicht respektvoll mit der Küsten- und Meereslandschaft umgeht. Die Ji-Merdiwa sind so gefürchtet und respektiert, dass es unter Ureinwohnern verboten ist, sich ein Bild von ihnen zu machen. Aus diesem Grund ist auch hier keines zu sehen. Aber wenn man nachts bei Mondlicht ans Meer geht, kann man sie vielleicht sprechen oder klagen hören, ihren Wellenschlag oder vielleicht sogar eine Schwanzspitze sehen.

PANIA OF THE REEF

NEUSEELAND

Pania war eine schöne Meerjungfrau, die sich in Karitoki, den Sohn eines Maori-Häuptlings, verliebte. Sie heirateten, aber sie kam immer nur nachts an Land und verschwand am Morgen wieder im Wasser. Karitoki war verärgert, dass ihm niemand glaubte, eine Ehefrau zu haben, weil niemand sie je zu Gesicht bekam. Ein Weiser verriet ihm, dass sie nicht zurück ins Meer könne, wenn sie einmal gegarte Speisen gegessen habe. So steckte er etwas Gegartes in Panias Mund, während sie schlief, aber der Ruf einer Eule weckte sie, und sogleich durchschaute Pania die Hinterlist. Sie lief ins Meer und kehrte nie wieder zurück. Man sagt, der Meeresgott habe sie in ein Riff vor der Küste verwandelt, damit sie nicht an Land zurückkehren kann.

VATEA

COOKINSELN

Nach einer Überlieferung auf den Cookinseln im Pazifik ist Vatea der Göttervater und Vater aller Menschen. Er ist ein Wassermann, aber ein sehr ungewöhnlicher. Eine Seite ist menschlich mit einem halben menschlichen Kopf und Gesicht, einem Arm und einem Bein. Die andere Seite ist ein Delfin mit Flossen und Schwanz. Er hat Macht über das Licht, die Sonne und den Mond, und man sagt, dass Sonne und Mond aus seinen beiden Augen scheinen.

RI, ILKAI ODER PISHMARY

PAPUA-NEUGUINEA

Auf Papua-Neuguinea, insbesondere um die Inseln von Neuirland, berichten die Einheimischen über Fischmenschen, die sie oft im Meer schwimmen sehen oder die zufällig in ihre Netze geraten. Je nach Gegend werden diese Wasserwesen Ri, Ilkai oder auch Pishmary genannt.

GEFAHR DER VERWECHSLUNG

Geschichten und Berichte über Meerjungfrauen und andere Wasserwesen gibt es schon seit der Antike. Seeleute glauben, dass sie Stürme und Unglück bringen können. Küstenbewohner meinen, dass sie Menschen rauben können. Und natürlich gibt es all die Geschichten von hilfsbereiten Meerjungfrauen, die Seeleute retten oder Wünsche erfüllen. Kein Wunder also, dass Menschen oft sehnsüchtig übers Meer blicken, um eine Meerjungfrau zu erspähen. Manche glauben fest daran, eine gesehen zu haben, auch wenn es in Wirklichkeit etwas ganz anderes war.

MEERJUNGFRAU ODER SEEKUH?

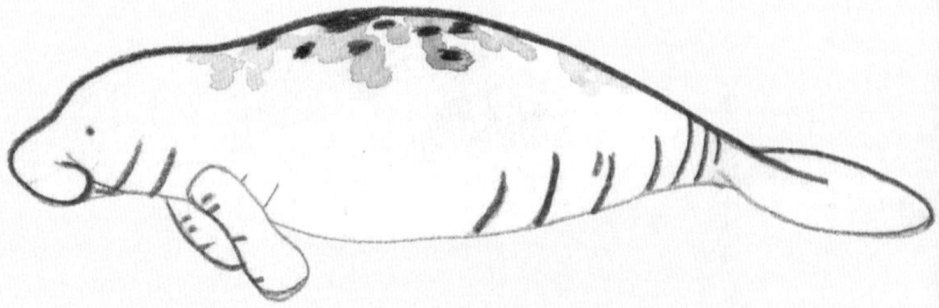

1493 hielt Christoph Kolumbus die Sichtung von drei Meerjungfrauen in seinem Reisetagebuch fest, die, so der berühmte Seefahrer:

„... nicht so schön sind, wie man sagt, denn ihre Gesichter hatten einige männliche Züge."

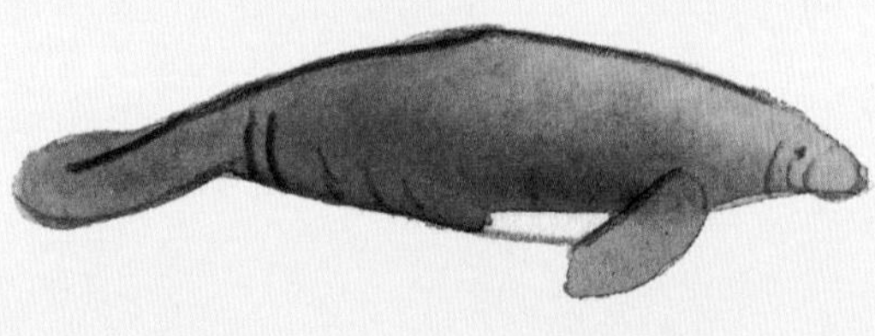

Vieles spricht aber dafür, dass er einem Irrtum unterlegen war und eigentlich drei Seekühe zu Gesicht bekommen hatte. Das würde jedenfalls begründen, warum er so enttäuscht von ihrem Aussehen war.

Seekühe wurden und werden häufig für Meerjungfrauen gehalten. Nicht zuletzt deshalb lautet der wissenschaftliche Name der Ordnung der Seekühe *Sirenia*. Seekühe können in fast senkrechter Ausrichtung schwimmen, wobei sie ihre Flossen wie Hände einsetzen. Dies und ihr rundlicher Kopf mag erklären, warum sie wie Meerjungfrauen aussehen, insbesondere natürlich aus weiter Ferne.

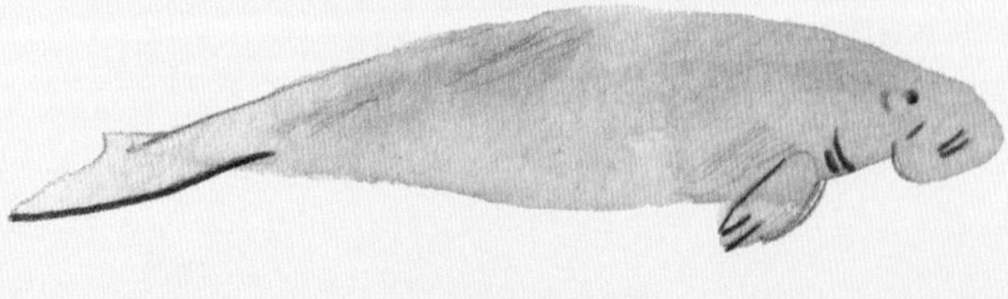

MENSCHLICHE MEERJUNGFRAUEN

In Teilen Koreas und Japans besteht eine sehr alte Tradition, nach der Frauen nach Meeresfrüchten, Algen und auch Perlen tauchen. In Korea sind sie als Haenyeo, in Japan als Ama bekannt, was beides „Meerfrauen" bedeutet. Manchmal werden sie aber auch als Meerjungfrauen bezeichnet. Eine Meerfrau kann ihren Atem bis zu drei Minuten anhalten und bis zu 30 Meter tief tauchen. Dass sie sich so mühelos und so lang unter Wasser bewegen, erklärt vielleicht, warum sie von Fischern für Meerjungfrauen gehalten werden.

GETROCKNETE MEERJUNGFRAUEN

Vor Hunderten von Jahren sicherten sich europäische Seeleute und Fischer eine zusätzliche Einnahmequelle durch das Anfertigen von „Puppen" aus getrockneten Rochen oder Plattfischen, die sie zurechtschnitzten und -formten, um ihnen eine Meerjungfrauenoptik zu verpassen. Diese „echten" magischen Meereskreaturen verkauften sie dann als „Jenny Haniver" an Neugierige, Kuriositätensammler und Reisende.

FIDSCHI-MEERJUNGFRAUEN

Früher kam es oft vor, dass skrupellose Geschäftemacher behaupteten, eine Meerjungfrau gefangen zu haben, und ihren getrockneten Körper ausstellten. Dabei war alles nur Fake! Im 19. Jahrhundert wollten unzählige Menschen die sogenannten Fidschi-Meerjungfrauen sehen, die angeblich aus Fidschi oder Japan stammen und recht schaurig aussehen sollten. Sie sahen allerdings eher aus wie Ningyos (siehe Seite 28). Tatsächlich handelte es sich bei diesen gruseligen Exponaten um die oberen Körperhälften von Affen, an die Fischschwänze genäht worden waren.

NORD-AMERIKA

In Nordamerika finden sich große Seen, gewaltige Ströme und dunkle, gespenstische Sumpf- und Moorlandschaften. Außerdem gibt es Hunderte von Inseln – in der eiskalten Arktis im hohen Norden und in der tropischen Karibik. Kein Wunder, dass sich hier viele Wasserfrauen und auch einige Wassermänner sehr heimisch fühlen.

Seit Jahrtausenden erzählen sich die indigenen amerikanischen Völker Geschichten über Meeresvolk, Wassergeister und fischschwänzige Meeresgöttinnen. Wenn man diesen Wasserbewohnern den nötigen Respekt entgegenbringt, sind sie gütig und schicken gutes Wetter oder große Fischschwärme. Falls nicht, werfen sie vielleicht das Kanu um oder ziehen Menschen auf Nimmerwiedersehen in die Tiefen.

Zur Warnung sei gesagt, dass das Schwimmen in verzaubertem Gewässer gefährlich sein kann: Man könnte selbst in ein Wasserwesen verwandelt werden.

SEDNA, die Wasserkönigin der Inuit
BAFFININSEL
KANADA
Heimat des Wassermannes des POTAWATOMI-Stammes
MAINE
GROSSE SEEN
USA
NE HWAS, die Meermädchen
In den karibischen Gewässern vor Haiti wohnt LASIREN in ihrem Juwelenpalast.
HAITI

NE HWAS

MAINE, USA, UND NEW BRUNSWICK, KANADA

Eine Legende des Passamaquoddy-Volkes handelt von Ne Hwas, den Meermädchen: Zwei Schwestern lebten mit ihren Eltern an der Küste. Die Mutter ermahnte sie ständig, nie ins Wasser zu gehen, aber sie gehorchten nicht und gingen schwimmen. Der Vater rief sie zurück, doch die Mädchen konnten nicht mehr an Land kommen, denn sie waren zu Meerjungfrauen mit glitschigen, schuppigen Schwänzen und silbernen Streifen auf Armen und Hals geworden. Ihre Augen und langen Haare waren schwarz. Die Mutter weinte sehr, und die Mädchen versprachen, immer in der Nähe der Eltern zu bleiben. Wann immer Mutter und Vater in ihrem Kajak auf dem Meer waren, wurden sie von ihren Töchtern im Wasser begleitet, die das Boot anschoben.

DER ERSTE WASSERMANN

MITTLERER WESTEN UND GROSSE SEEN

Vor langer Zeit – so eine Sage des Potawatomi-Volkes – machten sechs Freunde eine abenteuerliche Reise zur Sonne. Sie baten die Sonne um Geschenke wie ein ewiges Leben oder Mildtätigkeit. Einer der Freunde bat darum, im Wasser zu leben. Die Sonne erfüllte seinen Wunsch und verwandelte ihn in einen Wassermann. Bis heute spielt der Wassermann eine Rolle in der traditionellen Potawatomi-Kultur. Das Meeresvolk soll immer noch in Teichen, Flüssen und in den Großen Seen der USA wohnen.

LASIREN

HAITI

Die mächtige, Trompete blasende Meerjungfrauenkönigin LaSiren lebt in einem prächtigen Palast unter den Wellen vor der Karibikküste vor Haiti. Als Meeresgöttin des Reichtums und der Weisheit gehören ihr alle Schätze aus den vielen Schiffswracks in diesen Gewässern. Sie liebt Geschenke, und deshalb sind Perlen, Spiegel und Kämme geeignet, um ihre Gunst zu erlangen – im Gegensatz zu den Früchten des Meeres, da alle Meereslebewesen ihre geliebten Kinder sind. Wer zu lange am Strand verweilt, den kann sie in ihr Unterwasserreich locken. Männer, denen dies widerfährt, werden möglicherweise nie wieder gesehen. Frauen aber kehren oft zurück, wenngleich sie oft anders aussehen, weise sind und über Heilkräfte verfügen.

SEDNA

KÖNIGIN DES EISMEERES

INUIT-SIEDLUNGSGEBIETE

Vor langer Zeit lebte Sedna, eine schöne junge Frau. Weil sie keinen Mann aus ihrem Dorf heiraten wollte, verheiratete ihr Vater sie mit einem Fremden, der sie mitnahm auf eine mit Eis bedeckte Insel. Dort entpuppte er sich als bösartiger Vogelgeist, der die arme Sedna gefangen hielt.

Sednas Vater wollte sie retten und entführte sie in einem Kajak, aber der Vogelgeist entfesselte einen gewaltigen Sturm. Sedna wurde über Bord gespült und sank auf den Grund des Meeres, wo ihr ein Fischschwanz wuchs. So wurde sie die Herrscherin des Meeres und all der dort lebenden Kreaturen.

Diese mächtige Meeresgöttin hat die Macht, Stürme zu erzeugen und Schiffe zu zerstören. Wenn aber die Fischer und Jäger ihr ihre liebste Weise singen, schickt sie ihnen Fische und Robben.

MEERJUNGFRAUEN-SICHTUNGEN

Augenzeugenberichte über wundersame Begegnungen mit Wasserwesen gibt es auf der ganzen Welt. Woher sollten wir sonst von Meerjungfrauen und Nixen wissen? Einige Sichtungen und Berichte sind besonders bekannt und haben Eingang in die Geschichte gefunden. Hier sind ein paar davon.

HENRY HUDSONS ARKTISCHE MEERJUNGFRAU

Der Forschungsreisende Henry Hudson (nach dem der Hudson River und die Hudson Bay benannt sind) erkundete 1608 den arktischen Norden Norwegens, als zwei Männer seiner Crew eine Meerjungfrau entdeckten. Sie beschrieben sie mit dunklem Haar, sehr heller Haut und einem …

„… Schwanz, der dem eines Schweinswals ähnelte und gefleckt war wie der einer Makrele."

BENBECULA-MEERJUNGFRAU

Diese Sichtung datiert von 1830, als Bewohner der schottischen Insel Benbecula beim Sammeln von Seegras sahen, wie eine kleine Meerjungfrau aus dem Wasser sprang und sich überschlug. Vergeblich versuchten sie, sie zu fangen. Einige Tage später wurde die Arme tot an Land gespült, wo die Inselbewohner ihr ein ordentliches Begräbnis bereiteten.

DEERNESS-MEERJUNGFRAU

Ebenfalls in Schottland, auf den Orkneys, berichteten Hunderte von Menschen um das Jahr 1890 in mehreren Sommern von sonderbaren Wasserwesen. Niemand konnte sie wegen der Entfernung genau beobachten. Anders als die Benbecula-Meerjungfrau war dieses Wesen anscheinend recht groß (etwa 2 m), wie ein Augenzeuge berichtete:

„Es ist sechs bis sieben Fuß lang, hat einen kleinen schwarzen Kopf, einen Hals, einen schneeweißen Körper und zwei Arme …"

ORANG IKAN

1943, im Zweiten Weltkrieg, waren japanische Soldaten auf den indonesischen Kei-Inseln stationiert. Sie beobachteten sonderbare rosahäutige menschliche Kreaturen mit fischartigen Gesichtern und Schwimmhäuten an Händen und Füßen im Meer schwimmen. Die Einheimischen nannten die mysteriösen Wesen lapidar „Fischmenschen".

KASPISCHER WASSERMANN

Am Kaspischen Meer berichteten viele von einer sonderbaren menschartigen Wasserkreatur, die mitunter Runan-Shah („Meister der Flüsse und Meere") genannt wurde. Die Gestalt soll blasse Haut, Schwimmhäute an den Händen, einen großen Bauch und einen runden Kopf mit grünem Haar, aber weder Ohren noch Kinn gehabt haben.

MEERJUNGFRAU VON KIRJAT JAM

Kirjat Jam ist eine Küstenstadt in Israel. 2009 berichteten mehrere Augenzeugen von einer Meerjungfrau in der Bucht. Sie soll wie eine Mischung aus Mädchen und Delfin ausgesehen und abends Kunstsprünge im Wasser vollführt haben, bevor sie wieder verschwand.

STAUDAMM-MEERJUNGFRAUEN

2012 verweigerten Staudammarbeiter in Simbabwe ihre Arbeit, weil sie wütende Mondaos (siehe Seite 20) gesehen haben wollten. Taucher untersuchten das Gewässer und kehrten ebenfalls verängstigt zurück! Schließlich musste die Regierung die Wasserwesen rituell besänftigen, bevor die Arbeiter zurückkehrten.

SÜD-AMERIKA

Südamerika ist ein Kontinent der Extreme, vom tropischen Norden bis in die kalte, fast antarktische Südspitze. Der Kontinent ist berühmt für die schneebedeckten Anden und den weltgrößten Dschungel, den Amazonas-Regenwald mit seinen vielen Flüssen, darunter der gewaltige Amazonas-Strom. In Südamerika findet man auch den höchstgelegenen See der Welt, den höchsten Wasserfall und den längsten Sandstrand, außerdem wunderbare Inseln wie die Galápagosinseln mit all ihren besonderen exotischen Tieren.

Bei so vielen ursprünglichen Wasserlandschaften gibt es natürlich auch sehr viele Wasserwesen, die sich im Meer, in Flüssen und Seen tummeln, und so gibt es auch in allen Kulturen des Kontinents einen reichen Geschichtenschatz über wundersame, erstaunliche Wasserkreaturen.

SUMPALL

PATAGONIEN

Sumpalls sind Wasserfrauen und -männer mit blondem Haar, die das Meer, die Flüsse und Seen Patagoniens im Süden des Kontinents bewachen. Wenn ein oder eine Sumpall in einem Fluss oder Strom lebt, trocknet dieser nie aus. Wie viele andere Wasserwesen auf der Welt kann auch ein oder eine Sumpall einen Menschen verzaubern, um sich ihn oder sie zum Gefährten zu machen und zusammen unter Wasser zu leben. Im Gegenzug versucht der oder die Sumpall, dies wiedergutzumachen, indem er den Menschen reiche Fischschwärme schickt. Manchmal darf die geraubte Person sogar ihre alte Familie besuchen und Geschenke in Form von frischem Fisch mitbringen, bevor sie zu ihrem Sumpall-Gefährten zurückkehrt.

LA PINCOYA

CHILE

Chiloé ist eine der vielen Inseln vor der chilenischen Küste und hat ihren eigenen freundlichen, hilfsbereiten Wassergeist: La Pincoya, die Tochter des Meereskönigs Millalobo, die es liebt, an der Küste zu tanzen. Tut sie dies mit dem Gesicht zum Meer, machen die Fischer bald einen reichen Fang. Wenn ihr Antlitz aber Richtung Berge weist, bleiben ihre Netze leer. Des Nachts segelt La Pincoya mit ihren Meeresgeschwistern in ihrem Geisterschiff El Caleuche über die Meere und sammelt ertrunkene Seeleute ein, die dann wieder zum Leben erwachen. Ab und an kann man, nur für ein paar Sekunden, das weiße Schiff in der Dunkelheit leuchten sehen.

MEERJUNGFRAUEN IM TITICACASEE

BOLIVIEN UND PERU

Der Titicacasee ist der höchstgelegene See der Erde. Er liegt auf 3800 Metern in den Anden zwischen Peru und Bolivien. In dem See selbst, aber auch in den darin mündenden Flüssen und nahen Bergquellen, sollen viele Meerjungfrauen leben. Sie haben eine besondere Gabe: Sie spielen die Charango. Traditionell spielen junge Männer auf dieser kleinen Gitarre, um ihre Herzdame zu beeindrucken, und die Meerjungfrauen helfen ihnen, ihr Spiel zu verbessern. Wenn ein Mann eine neue Charango kauft, legt er sie in der Nähe des Wassers zusammen mit einer Gabe oder Speise ab, damit die Meerjungfrauen sie über Nacht einspielen mögen.

NIXE DES GOCTA-WASSERFALLS

PERU

Einer der höchsten Wasserfälle der Erde war bis zum Jahr 2002 wohl nur den Einheimischen bekannt. Als er erforscht werden sollte, weigerten sich viele Bewohner der Gegend, die Wissenschaftler dorthin zu führen, aus Furcht vor dem Wasserwesen, das in der Lagune des Wasserfalls wohnen soll. Die Nixe des Gocta-Wasserfalls hütet einen geheimen Goldschatz und soll, so erzählt es die Legende, auch einen Einheimischen entführt haben. Er war auf der Suche nach ihr und kehrte nie mehr zurück.

IARA

KRIEGERISCHE WASSERFRAUEN DES AMAZONAS

BRASILIEN

Vor sehr langer Zeit, so die Legende, lebte Iara, eine starke, tapfere junge Frau, Tochter eines Häuptlings und beste Kriegerin ihres Stammes. Ihre beiden Brüder konnten nicht ertragen, dass sie die bessere Kämpferin war, und wollten sie im Schlaf töten. Doch als sie sich an Iara heranschlichen, wachte sie auf und erschrak.

In blinder Panik tötete sie beide. Als Iara erkannte, dass die Angreifer ihre Brüder waren, war sie untröstlich und versuchte zu erklären, was passiert war, doch ihr Vater verurteilte sie und ließ sie in den Fluss werfen, wo sie ertrinken sollte. Aber die Fische hatten Mitleid mit ihr und hoben sie wieder an die Wasseroberfläche.

Dort badete der helle Mond sie in magischem Licht und verwandelte sie in eine unsterbliche grünhaarige Nixe. Sie wurde die Mutter eines ganzen Nixenstammes, der immer noch die Flüsse und Seen des Regenwaldes bewohnt. Iaras sind gefährlich und werden für das Sinken von Schiffen und Verschwinden von Menschen verantwortlich gemacht.

Nachts, so die Einheimischen, verlassen Iaras das Wasser und lauern am Ufer. Wenn sie einen Mann bemerken, verzaubern sie ihn mit ihrer Schönheit und ihrem Gesang, ziehen ihn dann in den Fluss, um ihn zu ertränken und sich so für das Leiden der ersten Iara zu rächen.